50 Recettes de Desserts Protéinés pour la Musculation:

Accélérer la croissance de la masse musculaire sans pilules ou suppléments de créatine

Par

Joseph Correa

Nutrioniste Certifié des Sportifs

DROITS D'AUTEUR

© 2015 Correa Media Group

Tous droits réservés

La reproduction ou la traduction de toute partie de ce travail au-delà de ce qui est permis par l'article 107 ou 108 de la Loi de 1976 sur les droits d'auteur aux États-Unis 1976, sans l'autorisation préalable du propriétaire des droits d'auteur, est illégale.

Cette publication est conçue pour fournir des informations exactes et faisant autorité en ce qui concerne le sujet traité. Cette publication est vendue avec la condition implicite que ni l'auteur ni l'éditeur n'ont la capacité de prodiguer des conseils médicaux. Si des conseils ou une assistance médicale se déclarent nécessaires, vous êtes priés de consulter un médecin. Ce livre est considéré comme un guide et ne doit être utilisé en aucune façon nuisible à votre santé. Consultez un médecin avant de commencer ce plan nutritionnel pour vous assurer qu'il vous sera bénéfique.

REMERCIEMENTS

La réalisation et le succès de ce livre n'auraient pu être possibles sans le soutien et l'aide précieuse de ma famille.

50 Recettes de Desserts Protéinés pour la Musculation:

Accélérer la croissance de la masse musculaire sans pilules ou suppléments de créatine

Par

Joseph Correa

Nutrioniste Certifié des Sportifs

SOMMAIRE

Droits d'auteur

Remerciements

A propos de l'auteur

Introduction

50 Recettes de Desserts Protéinés pour la Musculation

D'autres grands titres de cet auteur

A PROPOS DE L'AUTEUR

En tant que nutritionniste certifié des sportifs et athlète professionnel, je crois fermement qu'une bonne nutrition vous aidera à atteindre vos objectifs plus rapidement et plus efficacement. Mes connaissances et mon expérience m'ont permis de vivre en meilleure santé tout au long des années et je l'ai partagé avec ma famille et mes amis. Plus vous en savez à propos de boire et vous nourrir plus sainement, et le plus tôt vous aurez envie de changer votre vie et vos habitudes alimentaires.

Réussir à contrôler votre poids est très important, car cela vous permettra d'améliorer tous les aspects de votre vie.

La nutrition est un élément clé dans le processus de se mettre en meilleure forme et c'est là tout le sujet de ce livre.

INTRODUCTION

50 Recettes de Desserts Protéinés pour la Musculation: Accélérer la croissance de la masse musculaire sans pilules ou suppléments de créatine

Ce livre vous aidera à augmenter la quantité de protéines que vous consommez par jour, pour vous aider à augmenter vos muscles. Ces repas vous aideront à augmenter votre masse musculaire de manière organisée en ajoutant de bonnes quantités saines de protéines à votre alimentation. Être trop occupé pour bien se nourrir peut parfois devenir un problème et voilà pourquoi ce livre vous fera économiser du temps et vous aidera à nourrir votre corps pour atteindre les objectifs que vous voulez. Assurez-vous que vous savez ce que vous consommez en préparant vous-même vos repas ou en ayant quelqu'un qui les prépare pour vous.

Ce livre vous aidera à:

- Gagner du muscle rapidement et naturellement.

-Améliorer la récupération musculaire.

-Avoir plus d'énergie.

-Accélérer naturellement votre métabolisme pour construire plus de muscle.

-Améliorer votre système digestif.

Joseph Correa est un nutritionniste du sport certifié et un athlète professionnel.

50 Recettes de Desserts Protéinés pour la Musculation

1. Tarte végétarienne au quinoa riche en protéines

Ingrédients:

Quinoa - 135 g à l'état sec

Zucchini - 200 g haché finement (cubes de 3-4 mm)

Carottes - 100 g hachées finement (cubes de 3-4 mm)

Blanc d'oeuf liquide - 200 g (environ 6 oeufs)

Farine de blé entier - 40 g

Échalote (ou oignon normal) - 30 g

Ail - 10 g

Fromage de ferme à pâte molle - 125 g (vous pouvez utiliser de la mozzarella ou du cheddar, mais faible en gras)

Sel, poivre, épices au goût

Huile d'olive - 2-3 g (pour le revêtement de poêle)

Mode de préparation:

1. bouillir le quinoa.

2. Mettez la cocotte dans le four et chauffer jusqu'à 180 C. La cocotte doit être chauffée pour que la tarte au four soit d'un brun doré de chaque côté.

3. Couper les carottes et les courgettes en petits cubes; émincer l'oignon et l'ail.

4. Râper le fromage.

5. Travailler les blancs d'oeuf en une mousse riche et ajouter 100 g de fromage râpé. Le reste du fromage (25 g) est utilisé pour poudrer la surface de la tarte.

6. Ajouter les légumes hachés, le quinoa, le sel, le poivre et les épices sèches aux œufs. Mélanger soigneusement.

7. Incorporer le tout avec la farine de blé entier.

8. Retirez la cocotte chaude du four, huilez-la et versez le tout dans le mélange en appuyant sur les bords afin d'éliminer les trous. Versez le reste des 25 g de fromage sur le dessus.

9. Cuire au four à 180 C 40 minutes exactement, selon le four.

Valeurs Nutritives (pour 1/4 de la tarte):

Calories 267

Protéines 20,5 g

Lipides 4,25 g

Glucides 34.25 g

2. Glace au Yaourt

Ingrédients:

Yaourt naturel faible en gras - 500 ml

lait crème entière faible en gras - 300 ml

Lait en poudre - 3 cuillères à soupe

Sucre - 4 cuillères à soupe

Framboises (vous pouvez utiliser d'autres fruits, si vous le souhaitez)

Un peu d'huile d'orange

Mode de préparation:

1. Mélanger le sucre et le lait en poudre dans une casserole, versez le lait entier, et faire bouillir à petit feu.

2. Mélangez avec le yaourt, versez l'huile d'orange. L'huile est utilisée comme additif de saveur, voilà pourquoi vous pouvez omettre cet ingrédient si vous ne pouvez pas le trouver.

3. Mélanger le tout et mettre au congélateur. Ne pas oublier de remuer jusqu'à ce que ce soit complètement gelé.

4. Écraser les framboises ou autres baies et utiliser ce mélange pour décorer la glace avant de servir.

Valeurs nutritionnelles:

Les framboises contiennent des vitamines comme A, B1, B2, B5, B6, C, E et des minéraux comme le potassium, le calcium, le phosphore, le magnésium, etc. Les framboises préservent leur valeurs nutritionnelle, même après traitement thermique, par conséquent, les framboises ne perdent pas leurs nutriments.

Le yaourt contient une moitié de la valeur quotidienne recommandée de calcium, environ 10-14 g de protéines, il réduit le taux de «mauvais» cholestérol et renforce le système immunitaire. Un yaourt faible en gras contient moins de 1 g de matières grasses par 100 g de yaourt.

3. Crêpes Protéinées à la vanille

Ingrédients:

Blanc d'oeuf liquide - 1/2 tasse

Vanille Protéinée - 1/8 de tasse

Coco rapé - 1/4 tasse

Lait d'amandes - 1/4 tasse

Bicarbonate de soude - 1/2 cuillère à café

Mode de préparation:

1. Mélanger tous les ingrédients ensemble.

2. Graissez le moule à gâteau avec de l'huile.

3. Mettez le feu sur moyen. Verser la pâte dans le moule à gâteau chaud. Dinminuez le feu pour ne pas avoir des crepes brulees.

4. Tournez les crêpes lorsque les surfaces font des bulles.

Et boum – c'est fait!

Valeurs nutritionnelles *(pour une portion):*

Calories 564

Lipides 21 g

Carbohydrates 39 g

Protéines 57 g

4. Pudding de fromage cottage, ou Cheesecake

Ingrédients:

700g Lait Caillé acide (4% -5% de matières grasses, ou dégraissé)

100ml Lait dégraissé

50g semoule

3 Oeufs

1 sachet poudre à pâte (destiné à 500 g de farine)

5ml Édulcorant liquide pour la pâtisserie

3-5g de Beurre pour le revêtement du plat

1 portion de Vanille liquide, agent aromatisant

Mode de préparation:

1. Verser le lait dans la semoule et laisser agir pendant 7-10 minutes.

2. Mettre le lait caillé acide dans le mélangeur et le rendre lisse. Vous pouvez utiliser un mélangeur ou utiliser du lait caillé sans sucre.

3. Battre les blancs d'œufs et les jaunes ensemble dans une mousse riche et légère.

4. Ajouter les 5 ml d'édulcorant et 1 sachet de levure chimique au lait caillé, versez la semoule humide avec du lait, la vanille liquide et jaunes fouettés. Mélanger soigneusement. Ajouter les oeufs battus et mélanger soigneusement.

5. Graissez le fond du plat de cuisson avec du beurre et saupoudrez de farine. Vous pouvez utiliser des ramequins ou un grand plat de cuisson.

6. Étendre le mélange dans le plat de cuisson (ou dans des petits ramequins).

7. Mettez-le dans le four chauffé (160-170 C) sur l'étagère du bas si vous utilisez un grand plat. Faire cuire au four durant une heure. Après 20 minutes, couvrir avec du papier aluminium pour préserver le dessus du gâteau et l'empêcher de brûler. Au cas où vous utilisez des moules à muffins, chauffer le four à 150 C et cuire le gâteau sur la tablette inférieure durant une demi-heure.

Valeurs nutritives (par gâteau):

Calories 990

Protéine 100 g

Glucides 98 g

Lipides 40 g

5. Pudding de Carottes au lait caillé avec du fromage Philadelphia

Ingrédients:

600g Lait caillé acide (4% -5% de matières grasses)

100g fromage Philadelphia allégé

200g Carotte bouillies

3 oeufs

La poudre à pâte - 1 sachet (destiné à 500 g de farine)

5ml Édulcorant liquide pour la pâtisserie

5g Beurre pour revêtir le plateau

Mode de préparation:

1. Bien lisser le lait caillé en utilisant un mélangeur ou un batteur.

2. Ajouter le fromage Philadelphia, la poudre à pâte et l'édulcorant au lait caillé.

3. Frotter les carottes sur une grande ou moyenne râpe.

4. Faire mousser les jaunes d'œufs et les blancs ensemble.

5. Mélanger le lait caillé et les carottes et ajoutez les œufs mousseux; bien mélanger.

6. Graisser la poêle avec le beurre et verser le mélange. Vous pouvez utiliser n'importe quel récipient, mais il est préférable d'utiliser une casserole carrée profonde de silicone, la remplissant jusqu'aux 2/3.

7. Mettez la casserole sur la plaque inférieure du four préalablement chauffée à 160-170 C. Après 10 minutes, couvrir la casserole avec du papier aluminium, il aidera à préserver le dessus du gâteau et l'empêcher de brûler. Après 30 minutes, mettez la casserole sur le plateau moyen, et après encore 50 minutes retirez le papier d'aluminium et laissez le pudding à cuire au four pendant 25 minutes de plus. La cuisson totale ne devrait pas prendre plus de 75 minutes. Sortez le pudding du four et le laisser refroidir. En fin de compte, prendre le pudding de sortir du four et laisser refroidir. Une façon de refroidir le pudding est de le mettre dans le réfrigérateur pendant la nuit, il sera plus facile de le couper quand il sera refroidi. Après refroidissement tourner le pudding à l'envers et couper en portions. Il devrait être très attrayant et appétissant.

Valeurs nutritives (par pudding):

Calories 981

Protéines 91 g

Glucides 38 g

Lipides 49

6. Pudding de cerises au lait caillé

Ingrédients:

700g Lait Caillé acide (4% -5% de matière grasse)

100ml Lait (0% matières grasses)

50g Semoule

3 Oeufs

1 sachet poudre à pâte (destiné à 500 g de farine)

5ml Édulcorant liquide pour la pâtisserie

175 g cerises juteuses (fraiches ou congelées)

3-5 g Beurre pour le récipient

Mode de préparation:

1. Verser le lait dans la semoule et laisser agir pendant 7-10 minutes.

2. Mettre le lait caillé acide dans le mélangeur et le rendre lisse. Vous pouvez utiliser un mélangeur ou utiliser du lait caillé sans sucre.

3. Battre les blancs d'œufs et les jaunes ensemble dans une mousse riche et légère.

4. Ajouter 10 ml d'édulcorant, 1 sachet de levure chimique, puis ajouter au lait caille la semoule humide avec le lait et les œufs en mousse. Mélanger soigneusement.

5. Graisser la poêle avec du beurre et parsemer avec la semoule. Verser la moitié de la pâte, puis couvrir avec des cerises, verser de nouveau le restant de la pâte et mettre une couche de cerises en plus sur le dessus.

6. Mettez la casserole dans le four chaud (160-170 C) sur la plaque inférieure. Après 10 minutes, couvrir la casserole avec du papier aluminium. Après 30 minutes retirez le papier aluminium et mettre la casserole sur le plateau du milieu ; laisser cuire de nouveau pendant 20-25 minutes.

7. Lorsque votre gâteau est prêt, laisser refroidir pendant environ 20 minutes, couvrir d'une pellicule alimentaire et mettre dans le réfrigérateur.

Valeurs nutritives pour le 1/4 du pudding:

Calories 270

Protéines 25,8

Glucides 17.3

Lipides 10.3

7. Crêpes de protéines avec des flocons d'avoine

Ingrédients:

50g de Lait caille (50% Lipides)

50ml de Lait de beurre (kéfir)

25g de flocons d'Avoine

1blanc d'œuf (35 g)

10g de Mélange sec de Protéines

2g d'huile d'olive

Mode de préparation:

1. Mélanger les flocons d'avoine avec du lait de beurre et les protéines, le laisser pendant environ 10 minutes pour que les flocons d'avoine deviennent pâteux.

2. Puis bien mélanger tous les ingrédients et verser la pâte dans la forme de petites tapes sur la crêpière préalablement chauffé.

3. Lorsque les crêpes sont prêtes, les poudrer avec du sucre en poudre ou étaler de la confiture.

Les Flocons d'avoine contiennent des acides saturés et dé saturés, des lipides, de la fibre alimentaire, les vitamines PP, E et des minéraux comme le potassium, le magnésium, le calcium, le phosphore, le soufre, le fer, le iode, le cuivre et beaucoup d'autres.

Valeurs nutritives par portion:

Calories 242

Protéines 23 g

Lipides 7 g

Glucides 19 g

8. Crêpes a la Noix de Coco

Ingrédients:

1 Œuf

2 Blancs d'œufs

25g de Farine de noix de coco

30g de yaourt ou 10% Lipides crème sure

5g d'huile de coco (non purifié)

Stevia - au goût

Sel - 1 pincée

Levain - 1 cuillère à café

Mode de préparation:

1. Faire mousser les oeufs et les mélanger avec de la Stévia.

2. Ajouter le yaourt et mélangez soigneusement.

3. Faites chauffer l'huile de noix de coco (vous pouvez utiliser un micro-ondes), versez-le dans le mélange d'oeufs et mélangez soigneusement.

4. Ajouter le levain, le sel et la farine de noix de coco.

5. Laissez-le pendant quelques minutes afin que la farine absorbe les liquides.

6. Faites chauffer le poêle d'huile légèrement avec de l'huile d'olive; le feu doit être lent.

7. Cuire les crêpes comme d'habitude, d'abord sur un côté, puis les tourner vers l'autre côté. Vous pouvez choisir la taille de crêpes à votre goût.

Vous pouvez ajouter quelques morceaux de bananes ou de framboises aux crêpes cuites car ces fruits sont très riches en vitamines comme A, B, C.

L'huile de coco est riche en vitamines A, E, B1, B2, B3, C et K, et les minéraux ferrum, potassium, calcium, phosphore, etc.

Valeurs Nutritives per portion:

Calories 343

Protéines 21 g

Lipides 15 g

Carbohydrates 4 g

Fibres alimentaires - 12 g

Sucre - 3 g

9. Tarte de Carottes et Courgettes

Ingrédients:

Plat cuisson 21-22 cm de diamètre et 4,5 cm de hauteur

350 g Farine de blé à grains entiers

360g de Carottes (grillées)

180g de courgettes (grillées)

4 œufs de poule

60g d'huile d'olive

1 cuillère à café pleine poudre de bicarbonate de soude

1 cuillère à café pleine de Cannelle moulue-

2 cuillères à soupe de Stévia cristallisé - (ou tout autre édulcorant à votre goût)

100g de fromage à la crème léger pour le revêtement de la casserole (par exemple, du Philadelphia Light)

Mode de préparation:

1. Râpez finement les carottes et les courgettes.

2. Mélanger la farine de blé à grains entiers avec la poudre de la boulangerie et la cannelle; pas de sel nécessaire.

3. Mélanger les oeufs avec l'huile d'olive et le Stévia; remuer avec les légumes râpés.

4. Ajouter le mélange sec de farine, le bicarbonate de soude et la cannelle. Mélanger le tout à fond.

5. Mettre un papier de boulangerie (21 cm de diamètre) dans le plat de cuisson de forme ronde. Mieux vaut l'enrober d'huile légèrement.

6. Versez délicatement le tout dans le plat, couvrant tout le fond.

7. Cuire la tarte à 180 degrés C pendant 45-50 minutes.

8. Réfrigérer la tarte et graisser la surface avec du fromage à la crème Philadelphia léger.

Les carottes sont très utiles grâce à leurs vitamines A, B, B3, B6, C, E, K et leurs minéraux comme le potassium, le magnésium, le calcium, le phosphore, le sodium, le cuivre, le bore, le fluor, etc.

Les courgettes sont riches en potassium, en fibres alimentaires, en phosphore et en calcium, ainsi qu'en vitamines A et C.

Valeurs Nutritives pour 1/4 de la tarte:

Calories 540

Protein 17.5 g

Lipides 19.8 g

Carbohydrates 74.2 g

Fibres alimentaires - 12.7 g

Sucre - 4.7 g

10. Pain de farine de noix de coco avec courgettes, bananes et gingembre

Ingrédients :

50g Farine de Noix de Coco (ou d'amandes)

50ml de lait a 2,5% de Lipides

3 œufs

85g de Bananes

85 g de courgettes

8g d'huile d'Olive (ou de noyer)

1 cuillère à café de gingembre en poudre - (ou frotter le gingembre frais)

1 cuillère à café Poudre à pâte (bicarbonate de soude ou levain)

Une pincée de sel

Mode de préparation:

1. Préchauffer le four à 190 C

2. Frotter les courgettes sur une petite râpe et écrasez les bananes avec une fourchette; mélangez le tout soigneusement.

3. Faire mousser les oeufs.

4. Incorporer la farine de noix de coco avec du sel, la poudre à pâte et la poudre de gingembre, ou ajouter du gingembre frais, et les courgettes râpées finement.

5. Ajouter le mélange de farine dans les oeufs battus, remuez soigneusement; Mélanger le tout avec des courgettes et des bananes et ajouter 50 ml de lait. Remuer et ajouter l'huile de noix ou l'huile d'olive.

6. Placez le papier de cuisson dans une tasse carrée de cuisson de pain et appuyez dessus sur les cotes, placer la pâte dans la tasse.

7. Cuire au four à 190 ° C pendant 40 minutes, jusqu'à ce que la pointe et les bords du pain soient légèrement dorés.

C'est un pain succulent !

Tout d'abord, il contient un minimum de glucides, d'autre part, il possède un grand nombre de protéines et de fibres. Il est tout comme un gâteau, mais sans le beurre.

Valeurs nutritives pour un seul pain (environ 480 g):

Calories 62,7

Protéines 32 g

Lipides 27 g

Glucides 37 g

Fibres alimentaires- 4 g

11. Muffins à la farine de Noix de Coco

Ingrédients:

2 Oeufs

3 blancs d'œufs approx.105g

50g de farine de noix de coco pure

20 g d'huile de coco vierge extra (fondue au micro-ondes pendant 30 secondes.)

1 cuillère à soupe de Stevia ou poudre de Stévia (peut être cristallisé ou liquide) Poudre à pâte (ou de la soude) - 1 cuillère à café pleine

100g de Lait caillé 5% matières grasses

Méthode de préparation:

1. Préchauffer le four à 190 C

2. Mélanger la poudre de boulanger, le Stévia et la farine de noix de coco

3. Faire mousser les 3 blancs d'œufs.

4. mousser le 2 oeufs.

5. Ajouter le lait caillé, la farine, le Stévia et la poudre à pâte aux 2 œufs mousseux, mélanger soigneusement.

6. Faire fondre l'huile dans le micro-ondes.

7. Incorporer le mélange ensemble, les blancs d'œufs mousseux et l'huile de coco fondu. La pâte doit être friable, car la farine de noix de coco absorbe tous les liquides grâce à la fibre.

8. Mettez la pâte dans des moules en muffins (je répands en parties égales de 66 grammes dans chaque moule). Appuyez doucement sur la pâte.

9. Faire cuire au four sur une température moyenne pendant environ 25 minutes.

La farine de noix de coco est riche en vitamines telles que A, C, E, D et B et en minéraux tels que les sels de potassium, les sels de magnésium, iode, cobalt et nickel. Elle contient beaucoup de fibres et de protéines. La consommation de farine de noix de coco améliore le métabolisme, stimule la digestion, a un effet positif sur la peau et réduit le risque de thrombose.

La portion se compose de 6 muffins.

Valeurs nutritives par portion:

Calories 556

Protéines 45 g

Lipides 37 g

Glucides 5 g

Fibres alimentaires- 30 g

12. Crêpes protéinées à la farine de blé entier

Ingrédients:

720ml de lait sans Lipides

3 Oeufs

50g de beurre

210g de Farine de blé entier (gros ou finement broyé)

50g de farine blanche

70g Nutrition Optimum de Protéines (SAN, UNIVERSAL, TWINLAB - ce que vous utilisez)

Sel à votre goût

1 cuillère à café Stevia en poudre

120ml d'eau bouillante

Mode de préparation:

1. Tout d'abord fondre le beurre au micro-ondes et réchauffer le lait; mousser les oeufs.

2. Mélanger les grains entiers et la farine blanche.

3. Mélanger la protéine et le Stevia. Voilà la façon dont la protéine bio devrait être.

4. Mélanger les oeufs battus avec le lait et la farine, ajouter le sel à votre goût; ajouter la protéine avec du Stévia dans la pâte et mélangez le tout. Verser le beurre fondu et laisser reposer le mélange pendant 20-30 minutes à température ambiante. Avant de commencer la cuisson versez 120 ml d'eau bouillante dans la pâte.

5. Cuire la crêpe sur un poêle, mais ne pas graisser la poêle. Verser une louche de pâte et rapidement retourner dans la poêle.

C'est un plat parfait pour le petit déjeuner. Vous pouvez remplir les crêpes avec du fromage blanc et versez un peu de confiture sur le dessus. Ou, pour le dîner, vous pouvez ajouter un peu de farce de viande et de crème sure.

Valeurs nutritives par portion (2 crêpes):

Calories 246

Protéines 17 g

Lipides 7 g

Glucides 28 g

13. Crêpes Protéinées POW

Ingrédients:

¼ de tasse de Gruau

½ tasse de blancs d'oeufs liquides

1/8 tasse de Protéines a la vanille

¼ de tasses de Coco chips

¼ de tasse de lait d'amandes

1/2 cuillère à café de bicarbonate de soude

Mode de préparation:

1. Mélanger tous les ingrédients ensemble.

2. Vaporiser la poêle avec de l'huile et mettre sur feu doux.

3. Quand la poêle est rouge, Verser la pâte en petites portions, et garder a feu doux pour ne pas risquer de bruler les crêpes.

4. Tournez les crêpes avec une spatule lorsqu'elles deviennent légèrement brunes.

Si vous le souhaitez, vous pouvez verser un peu de miel sur le dessus lorsque les crêpes sont prêtes. Le miel est riche en vitamine B (B1, B2, B6 et B9), ainsi que C, E, H, A, D; il contient des minéraux comme le potassium, le phosphore, le magnésium, le sodium, l'iode, etc. Le miel est également un agent antibactérien, antifongique et antiviral, il améliore la digestion, l'état des os et des dents.

Le lait d'amande contient du potassium, du calcium, du magnésium, du zinc, du fer, du sélénium, des fibres alimentaires; des vitamines B2, B3, A, B-carotène,

Valeurs nutritives par portion (quelques crêpes):

Calories 564

Protéines 57 g

Lipides 21 g

Glucides 39 g

14. Crêpes de Myrtilles avec de la Cannelle

Ingrédients:

6 blancs d'œufs

½ tasse de Gruau

1 cuillère à café de Levain

1/2 tasse de lait d'amandes

Une pincée de sel

2 pincées d'Édulcorant artificiel en poudre

1/4 tasse Myrtilles

½ tasse de Compote de pommes

1 pincée de Cannelle

Mode de préparation:

1. Mettez les blancs d'œufs, la farine d'avoine, le levain, le lait d'amande, le sel et l'édulcorant artificiel dans le mélangeur, et mélangez pendant 30 secondes à une vitesse moyenne.

2. Vaporiser la poêle avec de l'huile (huile de tournesol ou beurre, à votre goût), verser la pâte et la moitié des

myrtilles. Faites-le cuire comme des crêpes habituelles - d'abord sur un côté, puis sur un autre jusqu'à brunissement.

Lorsque vous êtes prêt, servir avec la compote de pommes et de la cannelle.

Ces crêpes sont non seulement délicieuses, mais également bénéfiques. Les myrtilles contiennent beaucoup de fibres alimentaires, du potassium, calcium, sodium, magnésium, fer, de la vitamine C, l'acide pantothénique, glucoside, etc. les myrtilles contribuent à renforcer la vue, réduit le risque de glaucome et de cataracte, améliore le métabolisme, et réglemente l'action des intestins.

Valeurs nutritives par portion (quelques crêpes):

Calories 334

Protéines 30 g

Lipides 4 g

Glucides 48 g

15. Crêpes de kéfir à la vanille et au beurre d'arachide

Ingrédients:

1 tasse de Farine

1 tasse de Gruau

1,5 cuillère à café de Levain

0,5 cuillère à café de Sel

2 tasses de Kéfir

1/2 tasse de Lait pauvre en lipides

1 cuillère à café Extrait de vanille

1 Œuf

2 blancs d'œufs

3 cuillères à soupe de Beurre d'arachide

1 tasse de Baies fraîches

Mode de préparation:

1. Mousser ensemble un œuf et 2 blancs d'œufs.

1. Mélanger la farine, le gruau, le levain et le sel dans un grand bol puis le kéfir, le lait, l'extrait de vanille et les œufs en mousse dans un autre bol. Combiner les deux mélanges et remuez-les ensemble jusqu'à obtenir une pâte lisse.

2. Chauffer la poêle sur un feu doux et vaporiser avec de l'huile. Verser la pâte sur la poele en utilisant une grande cuillère à soupe; cuire les crêpes pendant 1-2 minutes sur un côté et 1-2 minutes sur l'autre côté jusqu'à brunissement.

3. Faire fondre le beurre d'arachide au micro-ondes pendant 20-30 secondes, puis graisser les crêpes avec ce beurre. Décorez les crêpes avec les baies.

Le beurre d'arachide a une valeur nutritive élevée, il se compose de Lipides nécessaire a la digestion, de vitamines A, E, B1, B2, B3, B4, B5, B8, B9), de potassium macro et micro-éléments, magnésium, phosphore, fer, le zinc, l'iode , le cobalt, etc., et d'acide oléique monoinsaturé. Le beurre d'arachide renforce le système immunitaire, améliore la fonction cardiaque et les vaisseaux sanguins, améliore le fonctionnement des systèmes reproducteur et nerveux, et normalise les niveaux d'équilibre hormonaux et de cholestérol dans le sang.

Valeurs nutritives par portion (quelques crêpes):

Calories 584

Protéines 28 g

Lipides 15 g

Glucides 81 g

16. Crêpes Amandes-safran à la cardamome

Ingrédients:

1 Œuf

3 blancs d'œufs

180ml de lait d'amandes

1/2 cuillère à café Extrait de vanille

50-70g de lait caillé

5-7 pièces Vrilles de safran-

1/3 cuillère à café de Cardamome-

1 cuillère à soupe (environ 13 g) de Farine d'amande-

1 cuillère à soupe de Farine de noix de coco

2 cuillères à soupe Psyllium (fibres alimentaires de plantain)

1 cuillère à café Levain

1/3 cuillère à café de Stevia Pure

Mode de préparation:

1. Prenez les oeufs du réfrigérateur.

2. Chauffer le lait jusqu'à être bien chaud, ajouter le safran et la cardamome et mélanger.

3. Mélanger les ingrédients secs: farine d'amande, la farine de noix de coco, le psyllium, le levain et le Stévia pur).

4. Fouettez les oeufs avec un fouet (un œuf et trois blancs d'œufs), ajouter le lait avec les épices et autres ingrédients humides: (lait caillé, extrait de vanille); mélangez soigneusement.

5. Mêlez les deux mélanges en utilisant un mélangeur et laisser la pâte se reposer pendant environ 20 minutes.

6. Cuire les crêpes des deux côtés jusque léger brunissement sur un feu lent en utilisant une poele sans huile.

Vous pouvez également préparer un plat de côté, par exemple en utilisant une mangue: la moitié d'une mangue mûre finement hachée, chair de noix de coco râpée sans sucre, de l'arachide et de la sauce de noix de coco - mélanger bien le tout et décorer les crêpes.

Des baies comme accompagnement pour ce plat : des baies selon votre goût, de la crème de lait caillé et de la crème de tofu, des amandes moulues, mélanger le tout dans un mélangeur à l'état crémeux, servir avec les crêpes.

Valeurs nutritives par portion (5-6 crêpes):

Calories 240

Protéines 22 g

Lipides 12 g

Glucides 16 g

Fibres alimentaires- 9 g

Sucre - 3 g

17. Gâteau de farine d'avoine avec de la crème fouettée et des noix

Ingrédients secs:

40g de Gruau (environ 4 cuillères à soupe pleine)

1 cuillère a soupe de Myrtilles

1/3 cuillère à café de Cannelle

1/4 cuillère à café Épices pour des recettes avec de la citrouille (cannelle, clou de girofle, noix de muscade, gingembre)

L1/4 cuillère à café de Levain

1/8 cuillère à café de bicarbonate de soude

Ingrédients humides:

1 blanc d'œuf

2 cuillères à soupe de Lait

1 cuillère à soupe Compote de pommes sans sucre ou 1 cuillère à café d'huile d'olive/de noix de coco

1/2 cuillère à café Extrait de vanille-

1/2 pièce moyenne Carotte

Crème:

Banane congelée mure - 1/4 pièces

Lait caille sans lipides - 100 g

Extrait de vanille - 1/4 cuillère à café

Extrait de banane - 1 goutte (pas nécessaire)

Édulcorant naturel à votre goût

Miel - 1 cuillère à soupe

Mode de préparation:

1. Faire cuire les carottes à la vapeur, faites-le à l'avance pour gagner du temps.

2. Préchauffer le four et mettre à l'intérieur d'un plat de cuisson de 7-8 cm de diamètre avec un bon revêtement antiadhésif.

3. Bien mélanger les ingrédients secs pour le fond de tarte.

4. Ecraser les carottes cuites avec une fourchette, diviser en deux parties - la petite pour la décoration.

5. Mélanger soigneusement tous les ingrédients humides puis mélanger les deux mélanges.

6. Verser la pâte dans le plat de cuisson préchauffé et appuyez dessus soigneusement avec une cuillère. Cuire au four pendant environ 20-25 minutes à 180 C. Faites attention car chaque four fonctionne différemment, ne laissez pas votre gâteau brûler. Le fond de tarte ne doit être ni sec ni humide, mais avec une croûte légèrement brune.

7. Battre tous les ingrédients de la crème dans un mélangeur jusqu'à consistance lisse.

8. Sortez le gâteau du four et le laisser refroidir dans le plat de cuisson pendant 7-10 minutes; découper soigneusement

9. partager le gâteau en deux parties. Étalez 1/3 de la crème sur une partie du gâteau, mettre l'autre partie sur le dessus et jeter le reste de la crème. Vous pouvez mettre un peu de noix en poudre sur le dessus si vous l'aimez et que vous ne faites pas de régime amaigrissant.

Valeurs nutritives pour l'ensemble du gâteau:

Calories 336

Protéines 30 g

Lipides 6 g

Glucides 42 g

Fibres alimentaires - 8 g

Sucre - 4 g

18. Biscuits aux raisins et noix

Ingrédients:

250g de Lait Caillé

150g de Gruau

1 Banane

50g d'abricots ou de Raisins secs

30g de Noix

Des graines de pavot, ou noix de coco grattée, ou gingili

Mode de préparation:

1. Réduire en purée le lait caillé et la banane jusqu'à consistance lisse.

2. Ajouter la farine d'avoine, les raisins secs, les noix et pétrir la pâte.

3. Laisser reposer la pâte au réfrigérateur pendant 1 heure.

4. Puis sortir la pate du réfrigérateur et former de petites boules, les rouler dans les graines de pavot, ou la noix de coco, ou le gingili et tourner les boules sur une plaque de cuisson préalablement recouverte de papier sulfurisé.

5. Préchauffer le four à 180 ° C et cuire les biscuits pendant 15 minutes.

Les noix contiennent des acides aminés libres, la vitamine A, les vitamines E, PP, K, C, groupe B, des minéraux comme l'iode, le fer, le zinc, le phosphore, etc. Les noix réduisent le risque de maladie cardiovasculaire, la pression sanguine, renforcent le tissu osseux, fournissent de l'énergie, activent l'activité cérébrale, et sont utilisées dans le traitement des maladies de la thyroïde.

Valeurs nutritives par portion (150 g):

Calories 250,5

Protéines 15 g

Lipides 6,9 g

Hydrates de carbone 34,5 g

19. Muffins a la noix de Coco

Ingrédients:

300 g Lait caillé sans lipides

8 blancs d'œufs

2 oeufs entiers

4 cuillères à soupe pleine de Stevia en poudre

20 g d'huile de coco-

20 g d'huile d'olive

100 g Farine de noix de coco

3 gouttes Extrait de noix de coco naturel-

L1,5 cuillère à café de levain (double action)

Mode de préparation:

1. Mélanger l'édulcorant, le levain et la farine.

2. Travailler les blancs d'œuf dans une mousse riche; mousser les deux œufs jusqu'à consistance lisse.

3. Incorporer les œufs mousseux et les ingrédients secs ensemble.

4. Préchauffer le four à 180 C

5. Ajouter l'huile à la pâte, puis versez l'extrait de noix de coco.

6. Placer la pâte dans le moule à gâteau; mettre dans le four pendant environ 30 minutes.

Vous pouvez décorer les muffins avec un peu de sauce au chocolat: mélanger 1 cuillère à café de poudre de cacao sans sucre, 2 cuillères à café d'huile d'arachides PB2, 1 cuillère à café de Stévia et du lait d'amande sans sucre.

Nutrition par 2 muffins:

Calories 99

Protéines 20 g

Lipides 10 g

Glucides 16 g

Fibres alimentaires- 4 g

20. Cocktail d'orange et de Yaourt protéiné

Ingrédients:

100 ml de Jus d'orange

100 ml de yaourt sans lipides

Une poignée de pelure d'orange

Mode de préparation:

1. Mélanger tous les ingrédients dans un mélangeur jusqu'à consistance lisse.

Mieux vaut utiliser un jus refroidi pour avoir un cocktail rafraîchissant.

Les Oranges contiennent beaucoup de vitamine C, il est donc utile de boire le cocktail le matin pour gagner de la force pour le reste de la journée.

Le jus d'orange est très riche en vitamines A, B, C, K et E et des minéraux comme le potassium, le calcium, le phosphore, le Cuprum, le Ferrum, zinc, etc.

Nutrition:

Calories 198

Protéines 23 g

Lipides 1 g

Glucides 40

21. Cocktail Protéiné de Grenades

Ingrédients:

170 ml de jus de grenade

75 g de blancs d'oeufs

180g Yaourt sans lipides

170g de mélange de baies surgelées

Mode de préparation:

1. Mélanger tous les ingrédients dans un mélangeur jusqu'à consistance lisse.

Mieux vaut utiliser un jus refroidi, ainsi vous aurez un cocktail rafraîchissant.

La grenade est très riche en vitamines PP, A, B1, B5, B6, C, E, et en minéraux : calcium, magnésium, sodium, etc.

Les Myrtilles rouges, les bleuets et les framboises sont une bonne combinaison pour le cocktail le rendant frais et bénéfique grâce aux vitamines PP, C, E, A, B9, H, et des minéraux comme le calcium, le magnésium, le sodium, le potassium, le chlorure, le soufre, le phosphore, etc.

Nutrition:

Calories 508

Protéines 19 g

Lipides 2 g

Glucides 70

22. Cocktail d'airelles rouges et d'amandes aux protéines

Ingrédients:

100ml de jus de myrtilles rouges

2 cuillères a soupe pleine d'amandes

3 cuillères à soupe de Yaourt sans matières grasses

Méthode de préparation:

1. Mélanger tous les ingrédients fond dans un mélangeur jusqu'à consistance lisse.

Le jus de myrtilles rouges est très riche en vitamines PP, A, C, B9, E et en minéraux comme le calcium, le magnésium, le sodium, le soufre, etc. Les amandes vous combleront de vitamines A, B1, B2, B6, B9, PP, E et C.

Ce cocktail fera votre journée!

Nutrition:

Calories 346

Protéines 15

Lipides 22 g

Glucides 27 g

23. Cocktail de Protéines sans lipides

Ingrédients:

340 ml Lait faible en lipides

1 tasse de thé de yaourt sans lipides

1 cuillère à soupe de graines de lin

0,5 tasse de thé de Fraises

Mode de préparation:

1. Laver et essuyer les fraises.

2. Mélanger ensemble tous les ingrédients: - tout d'abord le lait avec le yogourt, puis ajouter les graines de lin et les fraises, mélanger jusqu'à consistance lisse.

Les graines de lin sont très bénéfiques grâce à leurs vitamines B1, B3, leur niveau élevé de vitamine B9, K, PP, et les minéraux tels que : magnésium, potassium, phosphore, Cuprum, et manganèse. Les fibres alimentaires des graines de lin aident à éliminer les déchets et les toxines; Ces graines sont souvent utilisées pour la perte de poids.

Nutrition:

Calories 306

Protéines 33 g

Lipides 3 g

Glucides 36 g

24. Cocktail protéiné avec du cacao

Ingrédients:

300 g de lait caillé

200 ml de Lait sans matières grasses

100-200ml d'eau

1 cuillère à soupe de Cacao

Mode de préparation:

1. À l'aide d'un mélangeur ou d'un mixeur mélanger le lait et l'eau, puis ajouter le lait caillé, enfin la poudre de cacao; mélanger jusqu'à consistance lisse.

Vous pouvez ajouter quelques noix qui augmenteront la valeur de protéines et ajouteront une saveur spécifique.

Bon appétit!

Le cacao est bénéfique au système vasculaire car il réduit le bouchon de plaquettes, il possède des propriétés antioxydantes, et influence le métabolisme. Le cacao améliore la circulation sanguine vers le cerveau et réduit la pression artérielle. La consommation régulière de cacao favorise le fonctionnement normal de la peau et la maintient ainsi sensiblement jeune.

Nutrition:

Calories 320

Protéines 48 g

Lipides 0 g

Glucides 26

25. Cocktail protéiné de Kiwi and Miel

Ingrédients:

300 ml de lait d'amandes

200 ml de kéfir pauvre en graisses

1 Kiwi

1-2 cuillères à soupe de Miel

Mode de préparation:

1. Laver, éplucher et trancher le kiwi en petits morceaux.

2. Chauffer le miel légèrement.

3. À l'aide d'un mélangeur ou d'un mixeur mélanger le lait d'amande et le kéfir, ajouter les tranches de kiwi et le miel; mélanger jusqu'à consistance lisse.

Le Kiwi est riche en vitamines A, B9, C, minéraux et potassium, calcium, chlore, Cuprum, bore, fluor, etc.

Le Kiwi affecte favorablement le système immunitaire humain, renforce la protection et les fonctions de régénération, et augmente la résistance de l'organisme au stress.

Nutrition:

Calories 265

Protéines 21 g

Lipides 10 g

Glucides 17 g

26. Barre protéinée sucrée au beurre d'arachides

Ingrédients:

1/3 tasse de farine d'arachide

1 cuillère à café pleine de vanille protéinée aromatisée -

100 ml de lait d'amandes

1 poignée d'Amandes

2 cuillères à soupe de Farine de noix de coco

3-4 pièces de chocolat noir

Mode de préparation:

1. Mélanger tous les ingrédients dans un bol, sauf pour le chocolat, et en faire une pâte. Si la pâte est trop liquide ou collante, ajouter un peu plus de farine de noix de coco.

2. Former des rectangles avec la pâte.

3. Faire fondre le chocolat à l'aide d'un bain-marie, et trempez les barres rectangulaires dans le chocolat fondu; prendre les barres et les mettre dans une forme de silicone ou du papier aluminium.

Savourez!

La farine d'arachide contient beaucoup de vitamine PP, B1, B5, B9, B4, et des minéraux comme le fer, le manganèse, le Cuprum, le sélénium, le zinc, etc. Les arachides améliorent la mémoire, la concentration et le système nerveux, prévient les maladies du système cardio-vasculaire, réduit le risque de crise cardiaque, et permet de normaliser la tension artérielle et le métabolisme.

Nutrition:

Calories 197

Protéines 18 g

Glucides 9 g

Lipides 10 g

27. Crème glacée à la protéine

Ingrédients:

1 tasse lait d'amandes sans sucre

1,5 cuillère Vanille protéinée aromatisée -

2 cuillères à soupe de sirop caramélisé

1 pincée le sel de mer

Mode de préparation:

1. Mélanger le lait d'amande et de protéines en poudre dans un mélangeur jusqu'à consistance lisse.

2. Verser le mélange de crème dans le congélateur.

3. Après 10 minutes, ajouter 1 cuillère à soupe de sirop caramélisé et mélanger.

4. Mélangez pendant environ 10 minutes ou jusqu'à ce que la glace devienne assez dure.

5. Verser la crème glacée dans un plat et versez le reste du sirop caramélisé sur le dessus.

Bon appétit!

Le caramel est riche en vitamines E et PP, et en minéraux : potassium, magnésium, sodium, calcium, phosphore et ferrum. Le Caramel réduit la dépression et améliore l'humeur.

Nutrition:

Calories 235

Protéines 35 g

Glucides 8 g

Lipides 8 g

28. Glace au chocolat

Ingrédients:

3 boules de Chocolat protéiné aromatisé

½ tasse de yaourt grec sans lipides (ou tout autre yaourt sans matières grasses)

1 tasse lait d'amande a la vanille sans sucre

1 cuillère à café d'huile d'amande

Mode de préparation:

1. Mélanger ensemble tous les ingrédients jusqu'à consistance lisse.

2. Verser le mélange dans le congélateur de crème pendant environ 20 minutes.

3. Lorsque vous êtes prêt, servir dans un plat en ajoutant quelques tranches de banane et de sirop caramélisé, ou du café instantané Mocha.

Le chocolat contient des antioxydants qui sont connus pour vous garder jeune, la prévention de développement de tumeurs et les maladies du système cardiovasculaire malignes. Le chocolat est riche en minéraux comme le calcium, le magnésium, le zinc, le potassium, le fer, le PP et les minéraux E et un peu de B2.

Nutrition:

Calories 183

Protéines 29 g

Glucides 6 g

Lipides 5 g

Fibres alimentaires 2 g

2 g de sucre

29. Crème glacée aux baies

Ingrédients:

1 tasse de myrtilles fraiches / framboises / fraises / groseilles

2 cuillères à soupe d'eau pure

1 cuillère à café d'extrait de vanille-

1 tasse d'amandes au chocolat au lait sans gras

½ tasse de Chocolat aux protéines aromatisé

1 cuillère a soupe d'amandes

½ tasse de yaourt grec sans matières grasses (ou tout autre yaourt sans matières grasses)

Mode de préparation:

1. Mettez les fruits dans une casserole de cuisson et faire bouillir à feu doux jusqu'à ce que le sirop se forme (environ 10-15 minutes).

2. Retirer du feu et verser l'extrait de vanille; mélanger et laisser reposer pendant un certain temps.

3. Mélanger le lait, la protéine en poudre, l'huile et le yaourt; ajouter une moitié de la sauce de baies.

4. Mettre le mélange dans le congélateur de glace pendant environ 20 minutes.

5. Lorsque vous êtes prêt, servir la crème glacée dans un plat et décorer avec le reste de la sauce de baies.

Savourez!

Nutrition:

Calories 246

Protéines 24 g

Glucides 19 g

Lipides 9 g

30. Crème glacée au citron

Ingrédients:

Lait caille - 170 g

100 ml de lait - 100 ml

2 blancs d'œufs

1 cuillère de citron aux protéines aromatisé

1 cuillère à café de jus de citron

Zeste d'1 citron

Mode de préparation:

1. Battre les blancs d'œufs jusqu'à consistance lisse.

2. Ajouter le lait, le lait caillé, la protéine en poudre et le zeste de citron; bien mélanger.

3. Mettre au congélateur de crème pendant environ 20 minutes.

4. Servir avec une tranche de citron vert et quelques feuilles de menthe.

Le citron est l'un des fruits les plus bénéfiques et les plus riches en vitamine C. Ce fruit amer a de fortes propriétés antiseptiques. Le jus de citron est recommandé contre l'athérosclérose, les maladies de calcification du rein, les troubles métaboliques, les fièvres. Aussi ce fruit merveilleux augmente l'appétit, améliore la digestion, aide à réduire le taux de cholestérol dans le sang.

Le citron est très riche en vitamines, par exemple PP, A, B5, C, B9, E, et des minéraux comme le calcium, le potassium, le phosphore, le magnésium, le sodium, le soufre, le Cuprum, le bore, le fluor, le molybdène, etc.

Nutrition:

Calories 353

Protéines 33 g

Lipides 22 g

Glucides 12 g

31. La crème glacée au rhum

Ingrédients:

1 cuillère de Protéines en poudre

120g de lait caille

150ml de lait faible en matières grasses

2 blancs d'œufs

Édulcorant - au goût (ou 1 cuillère à café de miel)

10g Raisins secs

20g Confiture de fraises

Mode de préparation:

1. Faire tremper les raisins secs dans le rhum.

2. Travailler les blancs d'œuf dans une mousse riche; ajouter la protéine en poudre, l'édulcorant (ou de miel), le lait caillé et le lait, et mélanger soigneusement.

3. Mettre le mélange dans le congélateur de crème pendant environ 30-40 minutes. 10 minutes avant que la crème glacée ne soit prête, ajouter les raisins et la confiture de fraise au congélateur.

Les raisins secs sont très riches en potassium, phosphore, sodium, calcium et magnésium, vitamines PP, B1, B2. Les raisins secs sont utiles à utiliser contre les maladies telles que la fièvre, l'anémie, le système digestif et les maladies des reins.

Nutrition:

Calories 109 g

Protéines 16 g

Glucides 7 g

Lipides 2

32. Cocktail protéiné sans matières grasses

Ingrédients:

125g de Yaourt sucré sans matières grasses

125ml Lait sans matières grasses

50g de fraises congelées

Mode de préparation:

1. Mélanger tous les ingrédients dans un mélangeur jusqu'à consistance lisse.

2. Vous pouvez ajouter une cuillère à café de miel si vous voulez que le cocktail soit plus sucré.

Nutrition:

Calories 149

Protéines 25 g

Lipides 1 g

Glucides 11 g

33. Pain protéiné au Chocolat et a l'Orange

Ingrédients:

3 boules de Chocolat protéiné aromatisé

1 tasse de farine d'Amande (ou d'avoine)

2 Oeufs

2 Oranges

1 cuillère à café de Poudre de bicarbonate / levain-

1 cuillère à soupe de yaourt sans matières grasses

2 cuillères a soupe de chocolat amer fondu

Mode de préparation:

1. Mélanger soigneusement les ingrédients liquides: oeufs, orange, le yaourt et le chocolat fondu.

2. Mélanger les ingrédients secs, remuer les deux mélanges.

3. Préchauffer le four à 160 C

4. Verser la pâte dans le plat de cuisson (carré, rectangulaire ou rond) et mettre au four pendant 45 minutes.

Vous pouvez poudrer le pain avec un peu de sucre en poudre. Ce pain fait un complément parfait pour le petit déjeuner ou le thé.

Nutrition:

Calories 190

Protéines 16 g

Lipides 5 g

Glucides 22 g

34. Barres protéinées aux Fraises et au Fromage

Ingrédients:

Pour la pâte de base:

1 pièce de barre sucrée aux fraises avec le goût du fromage

2 cuillères à soupe de beurre d'arachide

½ tasse de Noix diverses (amandes, noix, arachide, etc.)

Pour la garniture:

500 g Yaourt faible en lipides

½ tasse de Protéines a la vanille

1 tasse de blancs d'œufs

½ tasse de Fraises fraîches en tranches (ou d'autres baies vous préférez)

Mode de préparation:

1. Chauffer la barre doucement dans un micro-onde pendant 10-15 minutes jusqu'à qu'elle fonde; remuer avec les autres Ingrédients pour la pâte de base, jusqu'à durcissement de la pâte.

2. Pétrir la pâte en forme de sorte qu'elle couvre le fond et la mettre dans le plat de cuisson.

3. Préparer la garniture en mélangeant le yaourt, les protéines a la vanille et les blancs d'œufs.

4. Verser la garniture sur la pâte de base et couvrir avec une couche de confiture de fraise.

5. Faire cuire le gâteau pendant environ 40-50 minutes à 160 ° C jusqu'à ce qu'il devienne un peu dur sur les côtés et reste doux à l'intérieur et au milieu. Ne pas trop cuire le gâteau, il devrait être crémeux, il va durcir après refroidissement.

6. Laissez le gâteau dans le réfrigérateur pendant 2 heures.

7. Voila! Vous pouvez servir le gâteau au fromage, ne pas oublier de décorer le gâteau avec des baies fraîches et de préparer du thé et ... Bon appétit!

Nutrition par tranche / portion:

Calories 170

Protéines 17 g

Glucides 9 g

Lipides 8 g

35. Barres protéinées au Chocolat

Ingrédients:

35g de Muesli sans sucre

35g de Vanille caséine

25g de Chocolat caséine

2 cuillères à soupe de Cacao en poudre-

10 g de fibres alimentaires

15 g Noix

70 g de farine de flocons d'avoine

120 g de yaourts sans lipides

1 cuillère à café de Cannelle

20 g de chocolat a 80%

Édulcorant liquide - quelques gouttes (vous pouvez utiliser tout autre édulcorant selon votre préférence)

Mode de préparation:

1. Mélanger tous les ingrédients ensemble jusqu'à les rendre lisses et former en barres sucrées en coupant la pâte en tranches carrés.

2. Faire fondre le chocolat et l'étaler sur les barres puis mettre les barres dans le réfrigérateur.

Vous pouvez saupoudrer quelques noix sur le dessus si vous le souhaitez.

Nutrition:

calories 274

Protéines 22 g

Glucides 24 g

Lipides 9 g

36. Barre protéinée aux cacahuètes

Ingrédients:

1/3 de tasse de Farine d'arachides sans lipides

1/3 tasse Vanille protéinée aromatisée-

1/4 tasse Noix de coco ou le lait d'amande

1/3 tasse Amandes

2 cuillères à soupe Farine de noix de coco

3-4 pièces Chocolat amer 80%

Mode de préparation:

1. Mélanger tous les ingrédients sauf le chocolat, dans un bol jusqu'à ce la pâte soit facile à pétrir à la main. Si elle est trop liquide ou collante ajouter de la farine de noix de coco.

2. Former la pâte en rectangles.

3. Faire fondre le chocolat en utilisant un bain marie et plongez-y les barres de chocolat; les mettre sur un plateau de silicium recouvert de papier aluminium - il empêchera le chocolat de fondre.

Quel merveilleux dessert pour une pause thé au travail ou entre amis!

Nutrition:

calories 197

Protéines 18 g

Glucides 9 g

Lipides 10 g

37. Barre de protéines a la Française

Ingrédients:

1/4 tasse Protéines a la vanille -

1/4 tasse de flocons de noix de coco

1 cuillère à soupe d'edulcorant liquide / de miel

1/8 de tasse de lait d''Amande ou de coco

3/8 tasse Amandes

3-4 pièces de chocolat noir

Mode de préparation:

1. À l'aide d'une cuillère ou d'une spatule mélanger tous les ingrédients dans un bol jusqu'à obtenir une pâte. Si le mélange est trop collant, ajouter quelques amandes.

2. Diviser la pâte en 4 boules et les façonner en rectangles.

3. Lorsque les barres sont formées, faire fondre le chocolat au moyen d'un bain marie.

4. Placez les barres dans le chocolat fondu de sorte qu'elles soient entièrement enduites.

5. Sortez les barres, les mettre sur un papier alu, puis les mettre au réfrigérateur pendant 1-2 heures.

Nutrition pour 2 barres:

calories 382

Protéines 22 g

Glucides 7 g

Lipides 14 g

38. Muffins Protéinés au Café

Ingrédients:

2 Œufs

150g de lait caille sans lipides

2 cuillères a soupe de son d'avoine

2 boules de Protéine de chocolat

1 sachet de Levain / poudre à pâte

2 cuillères à café de café instantané

2 cuillères à soupe de sirop de Vanille

Édulcorant / miel - à votre goût

Mode de préparation:

1. Faire mousser les oeufs avec le lait caillé.

2. Étape par étape, ajouter le reste des ingrédients, et mélanger le tout ensemble.

3. Préchauffer le four à 170 C

4. Mettre le mélange dans des moules à muffins et cuire au four à 170 ° C pendant une demi-heure.

Les flocons d'avoine sont utilisés pour le nettoyage du tract gastro-intestinal, pour l'élimination des toxines et des déchets, pour la désintoxication de l'organisme. Les flocons d'avoine réduisent le niveau de cholestérol, renforcent le système immunitaire, sont très utiles pour le système vasculaire cardiaque et sont utilisés contre le diabète pancréatique.

Les flocons d'avoine contiennent de nombreuses vitamines comme B1, B5, B9, E, K, Gossypine, et des minéraux tels que le phosphore, le potassium, le magnésium, le calcium, le sélénium, Cuprum, Ferrum, le zinc, etc.

Nutrition pour 100 g:

Calories 177

Protéines 20 g

Carbohydrates 10 g

Lipides 4 g

39. Barre protéinée à la Banane

Ingrédients:

1 tasse de Gruau

5 cuillères à soupe de protéines de Banane aromatisées

½ tasse de lait en poudre sans matières grasses

¼ de tasse de fromage crème sans matières grasses

2 blancs d'œufs

1 Banana

1 tasse de myrtilles

¼ de tasse d'eau

3 cuillères à café d'huile de colza pour le revêtement du moule

Mode de préparation:

1. Préchauffer le four à 160 C

2. Mélanger la farine d'avoine, la protéine en poudre et le lait en poudre ensemble.

3. Dans un autre bol mélanger le fromage à la crème, les blancs d'œufs, la banane, les myrtilles, l'eau et l'huile.

4. Huiler le plat de cuisson.

5. Mélanger tous les ingrédients ensemble soigneusement avec un mélangeur.

6. Verser le mélange dans un moule carré, mettez le moule dans le four et faire cuire les barreaux pendant 25-30 minutes.

Une fois la cuisson terminée, vous aurez 7 barres délicieuses et nutritives.

Nutrition par barre:

Calories 180

Protéines 18 g

Glucides 20 g

Lipides 3 g

40. Barres de protéines à la Vanille et à l'Orange

Ingrédients:

2 tasses de Gruau

4 cuillères à soupe de protéines aromatisées Vanille ou chocolat

1 tasse de lait sans matières grasses

1 tasse de sirop d'érable

¼ tasse de jus d'orange naturel

1 cuillère à café de Vanilline

2 blancs d'œufs

3 cuillères à café d'huile de colza pour le revêtement du moule

Mode de préparation:

1. Préchauffer le four à 160 C

2. Mélanger la farine d'avoine, de protéines et de lait en poudre dans un bol.

3. Dans un autre bol, mélanger le reste des ingrédients.

4. Graissez le moule carré avec de l'huile de colza.

5. En utilisant un mélangeur, mélanger tous les ingrédients

6. Verser la pâte dans le moule, enfourner et cuire jusqu'à ce qu'elle soit bien doree, environ 20-30 minutes.

Vous avez maintenant 9 barres délicieuses.

Nutrition par barre:

Calories 195

Protéines 15 g

Glucides 27 g

Lipides 3 g

41. Barres de Protéines "Power-Punch"

Ingrédients:

1/2 tasse de Gruau

1/2 tasse de farine de blé ou de flocons d'avoine

6 cuillères à soupe de Vanille protéinée aromatisée -

1 tasse de Lait en poudre sans matières grasses

2 cuillères à soupe de graines de lin

2 cuillères à soupe de graines de tournesol

1/4 tasse de noix

¼ de tasse de fruits secs

1/3 tasse de Beurre d'arachide

2 cuillères à café de Vanilline

1/2 tasse d'eau

Mode de préparation:

1. Mélanger dans un bol la farine d'avoine, les flocons d'avoine, les protéines, le lait en poudre, les graines, les noix et les fruits secs.

2. Puis ajouter le beurre d'arachide, la vanilline et l'eau, et bien mélanger.

3. Verser la pâte dans un plat approprié et le placer dans le réfrigérateur pendant environ une heure jusqu'à durcissement.

Nutrition par barre:

Calories 304

Protéines 26 g

Glucides 23 g

Lipides 12 g

42. Shake protéiné a la Noix de Coco

Ingrédients:

300 ml de lait d'amandes

300g de lait caille

2-3 cuillères à soupe de Cacao

10 Noix

1 pincée de noix de coco grattée

Mode de préparation:

1. Mettre tous les ingrédients dans le mixeur et mélangez soigneusement pendant environ 7-10 minutes.

Les noix sont très riches en vitamines PP, A, B1, B2, B5, B6, B9, C, E, K, et de minéraux tels que : phosphore, potassium, calcium, magnésium, soufre, zinc, Cuprum, fluor, iode, et bien d'autres.

Nutrition:

Calories 730

Protéines 62,5 g

Glucides 21 g

Lipides 36,5 g

43. Shake de Bananes protéiné

Ingrédients:

1 Tasse de lait sans matières grasses

1 cuillère à soupe de protéine de lactosérum

1 Banane

1 cuillère à soupe d'huile de noix

Mode de préparation:

1. Mettre tous les ingrédients dans le mélangeur et mélanger soigneusement.

Pour ce cocktail vous pouvez également utiliser l'huile de cacao sans édulcorant et des agents aromatisants, ou de l'huile d'olive.

Nutrition:

calories 461

Protéines 37 g

Glucides 46 g

Lipides 16 g

44. Shake de Protéines Fait Maison

Ingrédients:

1 cuillère à soupe de Protéines de Lactosérum au Chocolat

1 Tasse de lait sans matières grasses

½ tasse d'amandes moulues

½ barre de chocolat moulue

Mode de préparation:

1. Mélanger le lait et les protéines dans le mélangeur.

2. Verser ensuite la poudre d'amandes et la poudre de chocolat sur le dessus.

Nutrition:

calories 457

Protéines 39 g

Glucides 41 g

Lipides 17 g

Fibres alimentaires 8 g

45. Boisson Protéinée à la Pêche

Ingrédients:

1 cuillère a soupe de Protéines de Lactosérum a la vanille

1 tasse d'eau

1 sachet de Gruau instantané

½ boite de pèches en conserve

Mode de préparation:

1. Mélanger tous les ingrédients dans un mélangeur jusqu'à consistance lisse.

Ce Gruau est très riche en fibres alimentaires. Si vous n'aimez pas la farine d'avoine, utiliser des corn-flakes.

Nutrition:

Calories 306

Protéines 24 g

Glucides 49 g

Lipides 2 g

Fibres alimentaires 2 g

46. Mix protéiné a l'Orange fait Maison

Ingrédients:

1 cuillère à soupe de protéines de lactosérum a la vanille

1 tasse de jus d'orange

½ tasse de yaourt sans matières grasses

Mode de préparation:

1. Mélanger tous les ingrédients dans un mélangeur.

L'Orange est riche en vitamine C, B9, PP, E, A, et en minéraux tels que : potassium, phosphore, calcium, Cuprum, l'iode, le bore, etc.

Nutrition:

Calories 280

Protéines 27 g

Glucides 43 g

Lipides 1 g

Fibres alimentaires2 g

47. Mix Protéiné a la Vanille Fait Maison

Ingrédients:

1 cuillère à soupe Vanille caséine

1 cuillère à soupe de protéines de lactosérum a la vanille

1/2 tasse lait a la Vanille

½ tasse de yaourt sans matières grasses

Mode de préparation:

1. Mélanger dans un bol la protéine et le yaourt jusqu'à consistance lisse.

2. Versez le lait dans un grand verre et ajouter le mélange de protéines et de yaourt, mélanger soigneusement.

Il n'y a pas besoin d'utiliser un mélangeur car la protéine a été déjà mélangée au yaourt.

Nutrition:

Calories 443

Protéines 48 g

Glucides 61 g

Lipides 1 g

48. Boisson Protéinée au Kiwi et au Miel

Ingrédients:

300ml de lait d'amandes

200ml de Kéfir 1,5% de matières grasses

1 Kiwi

1-2 cuillères à soupe de Miel

Mode de préparation:

Mélanger tous les ingrédients jusqu'à consistance lisse à l'aide d'un mixeur.

Le Kiwi est riche en vitamines A, B9, C, PP, B6, et des minéraux comme le potassium, le calcium, le magnésium, le phosphore, le chlore, le soufre, l'iode, le Cuprum, le fluor, le bore, l'aluminium, etc.

Nutrition:

Calories 265

Protéines 21 g

Glucides 17 g

Lipides 10 g

49. Shake Protéiné à la Framboise

Ingrédients:

200ml de lait

200ml de yaourt naturel faible en matières grasses (1,5%) et sans sucre

100 g Framboises (fraiches ou congelées)

Mode de préparation:

1. Hachez les framboises.

2. Dans un mélangeur mélanger le lait et le yaourt, puis ajoutez les framboises hachées.

Utilisez un peu de miel si vous voulez que votre cocktail soit plus sucré.

Les framboises sont riches en vitamines A, B9, H, C, PP, E, B5, et en minéraux : le potassium, le calcium, le magnésium, le sodium, le phosphore, le chlore, etc.

Les framboises sont utilisées pour réduire la fièvre en cas de maladie, pour arrêter le saignement et réduire les toxines.

Nutrition:

Calories 224

Protéines 17 g

Glucides 24 g

Lipides 6 g

50. Shake Protéiné à la Mandarine

Ingrédients:

400ml de Lait

125ml de Kéfir faible en matières grasses (1,5%)

2 Mandarines

1 cuillère à café d'huile de lin

Mode de préparation:

1. Couper les mandarines.

2. Mélanger dans un mélangeur le lait, le kéfir et l'huile, ajouter les tranches de mandarines.

Les mandarines sont riches en vitamines A, D, K, C, PP, et en minéraux comme le potassium, le calcium, le magnésium, le sodium et le phosphore.

Les mandarines sont effectives pour apaiser la soif et elles saturent l'organisme avec la quantité nécessaire d'acide ascorbique; elles réduisent aussi partiellement la fièvre quand on est malade.

Nutrition:

Calories 280

Protéines 21,5 g

Glucides 18 g

Lipides 11,5 g

D'autres grands titres de cet auteur

www.ingramcontent.com/pod-product-compliance
Lightning Source LLC
Chambersburg PA
CBHW071741080526
44588CB00013B/2113